VENTE

DE

MME SARAH BERNHARDT-DAMALA

DIAMANTS

Me ESCRIBE, commissaire-priseur

M. A. BLOCHE, expert

LIBRAIRIE [illegible] [illegible]TTINER

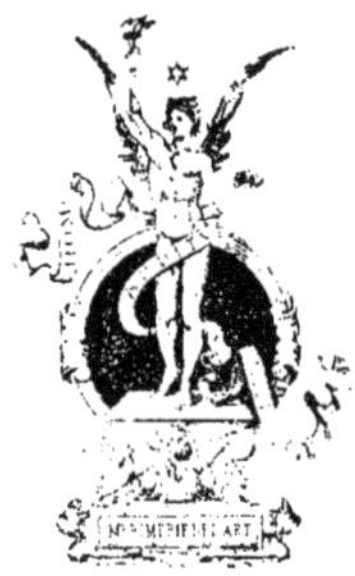

VENTE

DE

Mme Sarah Bernhardt-Damala

DIAMANTS

CATALOGUE

DE

DIAMANTS

COLLIERS ET BRACELETS EN PERLES

TRÈS BEAUX BIJOUX

Diadèmes, Colliers, Bracelets, Flèches, Tridents
Croissants, Fleurs, Flacons

ENRICHIS

DE RUBIS, ÉMERAUDES, SAPHIRS, ŒILS-DE-CHAT

Bijoux anciens

ARGENTERIE ARTISTIQUE

LE TOUT APPARTENANT A

Mme SARAH BERNHARDT-DAMALA

ET DONT LA VENTE AURA LIEU

HOTEL DROUOT, SALLE N° 1

Les Jeudi 8, Vendredi 9 et Samedi 10 Février 1883

A DEUX HEURES

Le Catalogue se trouve chez :

Me ESCRIBE	**M. A. BLOCHE**
COMMISSAIRE-PRISEUR	EXPERT
6, rue de Hanovre, 6	44, rue Laffitte, 44

EXPOSITIONS

PARTICULIÈRE	PUBLIQUE
Le Mardi 6 Février 1883	Le Mercredi 7 Février 1883

DE 1 HEURE 1/2 A 5 HEURES 1/2

CONDITIONS DE LA VENTE

Elle sera faite au comptant.

Les Acquéreurs paieront CINQ POUR CENT en sus des enchères, applicables aux frais de vente.

L'exposition mettant le public à même de se rendre compte de l'état des objets, il ne sera admis aucune réclamation une fois l'adjudication prononcée.

Paris. — Imprimerie de l'Art, J. Rouam, 41, rue de la Victoire.

DÉSIGNATION DES OBJETS

COLLIERS & DIADÈMES

1 — Magnifique diadème formant collier, tout en brillants, émeraudes, rubis et roses, représentant des guirlandes de fleurs et de feuillage. Travail remarquable de bijouterie.

2 — Très beau collier en brillants et roses, représentant des grappes de raisin.

3 — Très beau collier de forme originale, formé d'un tour de cou à ressort tout pavé de roses et enrichi d'une magnifique chute, représentant des rubans enlacés, tout en brillants, auxquels sont suspendus sept très gros solitaires et onze brillants de différentes dimensions.

4 — Beau collier composé de vingt-six chatons en brillants, montés à griffes, entrecoupés de fleurs entre deux rangs de brillants.

5 — Très beau collier composé d'une guirlande de fleurs entrecoupée de feuillages et de rubans gracieusement noués, tout en brillants et roses.

6 — Collier composé d'un rang de brillants entrecoupés de onze chatons.

7 — Rivière composée de cent quarante chatons en brillants.

8 — Collier en brillants, rubis, émeraudes et autres pierres de couleur.

9 — Collier composé de chatons en émeraudes, entourage et monture en roses entrecoupés de brillants montés à griffes.

PERLES

10 — BEAU COLLIER de deux rangs de perles noires et grises, composé de quatre-vingt-quinze perles entrecoupées de rondelles en roses.

11 — TRÈS BEAU BRACELET de neuf rangs, composés de cinq cent soixante-treize perles, avec riche fermoir tout en brillants et ornements en roses.

A ce bracelet est adaptée une double chaîne de sûreté, en or mat, avec fermoir en brillants et roses.

12 — TRÈS BEAU BRACELET de neuf rangs, composés de cinq cent soixante-treize perles, avec riche fermoir saphirs, brillants et roses.

A ce bracelet est adaptée une double chaîne de sûreté, en or mat, avec riche fermoir en brillants et roses.

13 — TRÈS JOLI COLLIER représentant une guirlande de feuillage, avec applique au centre, forme palme, tout en perles et brillants.

14 — BEAU COLLIER de cinq rangs de petites perles, entrecoupés de huit barrettes en brillants et de seize barrettes en roses.

15 — Très beau bracelet formé d'un rang de chatons en brillants, entrecoupés de perles noires, blanches, bronzées et grises, et enrichi d'un motif en brillants auquel sont suspendus quatre perles forme poires.

16 — Pendentif formé d'une grosse perle noire suspendue à une bélière composée de quatre brillants.

17 — Grande broche, forme trident enrubanné, tout en brillants et enrichie de trois grosses perles.

18 — Deux grosses perles blanches, forme boutons.

19 — Belle broche formée d'un dragon ailé, tout en brillants et tenant entre ses dents une perle blanche forme poire.

BRACELETS

20 — Très beau bracelet composé de trois rangs de brillants montés à griffes et enrichi de trois chatons formés au centre, l'un d'un rubis et les autres de saphirs entourés de brillants.

21 — Joli bracelet, forme chute, en brillants avec applique composée d'un saphir et de deux brillants.

22 — Joli bracelet souple formé de chatons en brillants se ralliant à une belle applique en rubis et brillants.

23 — Bracelet tout en brillants entrecoupés de chatons en brillants montés à griffes.

24 — Beau bracelet souple en brillants, enrichi de neuf œils-de-chat.

25 — Joli bracelet composé de douze carrelages en brillants entrecoupés de saphirs cabochons montés à griffes.

26 — Bracelet cercle en or mat, enrichi d'un saphir et d'un brillant montés à griffes.

27 — Bracelet en or mat enrichi de neuf brillants, de chutes et griffes en roses.

28 — Bracelet en or mat enrichi de neuf rubis, de chutes et griffes en roses.

29 — Bracelet en or poli enrichi de neuf émeraudes, de chutes et griffes en roses.

30 — Bracelet en or poli enrichi de neuf saphirs, de chutes et griffes en roses.

31 — Bracelet souple à chatons en roses avec applique au centre formée d'un cabochon entouré de brillants.

32 — Bracelet souple composé de chatons en brillants.

33 — Bracelet souple composé de chatons en émeraudes et de chatons en brillants.

34 — Bracelet en or mat enrichi d'un saphir cabochon et d'un brillant forme pendeloque.

35 — Cinq porte-bonheur enrichis chacun d'un rang de roses avec brillant au centre monté à griffes.

36 — Deux porte-bonheur enrichis chacun d'un rang de roses avec émeraude montée à griffes.

37 — Porte-bonheur enrichi d'un rang de roses avec rubis au centre monté à griffes.

38 — Porte-bonheur enrichi d'un rang de roses avec œil-de-chat au centre monté à griffes.

39 — Deux bracelets en or mat enrichis d'appliques en turquoise entourées de brillants.

40 — Bracelet, forme treillage, en or mat enrichi de roses et de saphirs.

41 — Bracelet en or mat avec chiffre S B en roses.

BROCHES

42 — Très belle broche de corsage, forme bouquet de fleurs, tout en brillants, composée de cinq marguerites, de feuillages et de boutons.

43 — Très belle broche, forme poignard dans sa gaine, tout en brillants, roses et saphirs.

44 — Belle broche, forme flèche, tout en brillants et saphirs.

45 — Jolie broche, forme bouquet d'églantine et de feuillages, tout en brillants.

46 — Jolie broche, forme bouquet de marguerite et de feuillages, tout en brillants.

47 — Trois belles broches, forme dragons ailés, tout en roses.

48 — Belle broche, forme trident enrubanné, tout en brillants.

49 — Belle broche, forme fer à cheval, composée d'un rang de saphirs cabochons et de deux rangs de brillants.

50 — Broche, forme croissant, tout en brillants.

51 — Broche, forme couronne, en saphirs, brillants et roses.

52 — Broche de corsage, forme bouquet de marguerites en brillants, roses, émeraudes, rubis, perles et saphirs.

53 — Broche, forme fer à cheval, composée d'un rang de gros brillants et de deux rangs de petits brillants.

54 — Broche, forme lézard, en brillants et roses.

55 — Broche, forme marguerite, en or de couleur et émaillé, enrichie d'un brillant jonquille, formant le cœur et deux petits brillants blancs, simulant des gouttes de rosée.

56 — Broche avec pendeloques, composée de deux grandes améthystes, monture enrichie de perles et de roses.

57 — Broche, forme couronne en or, enrichie de perles, d'émeraudes, de rubis et de roses.

58 — Broche, forme corbeille de fleurs, tout en roses, rubis, émeraudes et saphirs. Époque Louis XV.

59 — Broche, forme flèche, enrichie d'une améthyste et de roses.

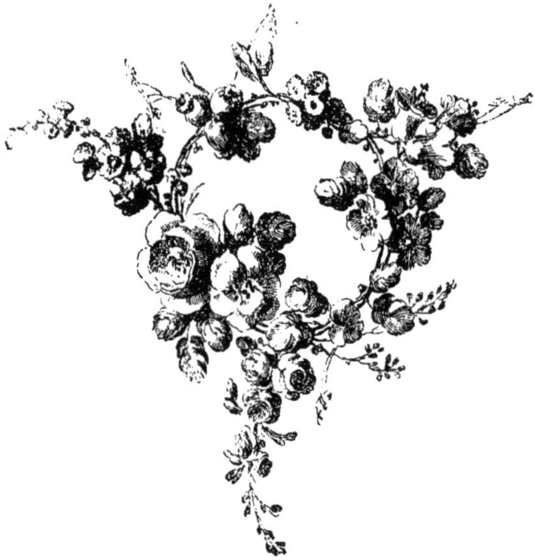

BIJOUX DIVERS

BOITES. — OBJETS DE VITRINE

60 — Beau cache-peigne tout en brillants, représentant des feuillages entrecoupés de châtons.

61 — Pendentif, forme marguerite, avec nœud et feuillage, tout en brillants et roses.

62 — Libellule en grenats, émeraudes, rubis et roses.

63 — Agrafe enrichie de saphirs et de roses.

64 — Fermoir formé d'un entourage de brillants.

65 — Joli flacon en or rouge au chiffre S. B., en roses, avec devise : *Quand même*, et trophée allégorique de la Comédie et de la Tragédie; les extrémités sont enrichies d'une émeraude cabochon entourée de brillants et de cartouches en roses.

66 — Jolie petite bonbonnière en or mat avec chiffre S. B. gravé et devise : *Quand même*. Le couvercle est enrichi d'un gros saphir étoilé entouré de roses.

67 — Peigne en or de couleur, finement ciselé, représentant un trophée allégorique de la Comédie et de la Tragédie, enroulé dans une banderole à la devise : *Quand même.*

69 — Chaine de cou en or poli.

70 — Médaille chinoise en or.

71 — Jolie tabatière rectangulaire en or guilloché avec bordure en or ciselé de couleur. Époque Louis XVI.

72 — Collier de cinq rangs en perles fausses, enrichi de deux barrettes en brillants.

73 — Beau bijou pendentif en or émaillé, représentant un pélican au milieu de guirlandes de laurier et de fleurs, orné de pampilles et enrichi de brillants de table et de rubis. Le revers est émaillé. Travail attribué au XVIe siècle.

74 — Beau bracelet indien en or émaillé, représentant un serpent à deux têtes, enrichi de roses et de rubis.

75 — Bandeau indien en or, enrichi de pampilles, de perles, de rubis et d'émeraudes.

76 — Bélière en brillants.

77 — Petit noeud en brillants.

78 — Bonbonnière en cristal, montée à charnière en or de couleur et ciselé. Style Louis XVI.

79 — Tabatière en écaille, montée en or, offrant sur le couvercle une jolie miniature : portrait de gentilhomme du temps de Louis XVI. Signé Hall.

80 — Petite boite octogone en ivoire, ornée d'applications de pierres, monture en argent doré.

81 — Petite boite a mouches en écaille, ornée sur le couvercle d'un médaillon en vernis de Martin, scène enfantine. Époque Louis XVI.

82 — Jolie petite montre en or repoussé et ciselé, représentant sur le boîtier Mars et Vénus, avec bordure à ornements repercés. Époque Louis XV.

83 — Très petite montre, forme lyre en or, fond émaillé bleu, entourage de demi-perles. Époque fin Louis XVI.

84 — Bonbonnière en or repoussé, représentant sur le couvercle la Présentation d'Esther à Assuérus. Style Louis XV.

85 — Boite a cure-dents en or émaillé jaune, bordure blanche avec sujet imitant les entailles sur le couvercle. Époque Louis XVI.

86 — Boite ovale en vernis de Martin, fond rouge, décorée de sujets enfantins et de trophées. Monture à charnière en argent doré et à griffes. Louis XV.

87 — Monocle forme lyre en or, enrichi de perles.

88 — Bracelet gourmette en or, enrichi de brillants, rubis, œils-de-chat et émeraudes.

89 — Bracelet gourmette en or, enrichi de trois grenats-cabochons et de quatre brillants.

90 — Paire de pendants d'oreilles en or, avec pampilles en perles et perruches émaillées.

91 — Paire de boucles d'oreilles indiennes, forme dragons. Travail de perles et d'émail.

92 — Paire de pendants d'oreilles or, forme lustres, enrichis de petites perles.

93 — Plaque normande en or reperé.

94 — Agrafe en émail cloisonné de Chine.

95 — Pendentif formé d'une grande perle baroque représentant un nid d'oiseaux.

96 — Chaine de cou en argent doré. xviie siècle.

97 — Chaine d'ordre en argent. Style Renaissance.

98 — Flacon en émail de Bétersée, fond bleu, avec médaillons à fleurs et paysages. Louis XV.

99 — Crochet en argent. Style Renaissance.

100 — Chaine de cou en or et platine, enrichie d'une pendeloque, grosse perle blanche, forme poire.

101 — Étui forme poisson en argent doré.

102 — Petite boite en laque fine du Japon, à rehauts d'or avec chimère appliquée.

103 — Flacon en argent gravé avec chainette et bague.

104 — Cachet en argent. Style chinois.

105 — Petit flacon en argent, tacheté de jaspe et de rouge antique.

106 — Petite cassolette en argent ciselé.

107 — Petit flacon en bronze niellé, couvercle orné de jade. Travail chinois.

108 — Pendentif émaillé. Style du XVIe siècle, représentant Saint Georges et enrichi de pierreries.

109 — Pendentif émaillé. Style du XVIe siècle, représentant la Fuite en Égypte, sous un arceau encadré d'ornements à jour, enrichi de pierreries.

110 — Grande croix Louis XIII en roses, monture émaillée.

111 — Pendentif en argent doré avec peintures. Louis XIII.

112 — Cinq bracelets en argent. Travail indien.

113 — Croix en argent émaillé. Gréco-russe.

114 — Bracelet en argent ciselé, partie doré. Travail indien.

115 — Grand médaillon en argent. Travail indien, représentant une divinité.

ARGENTERIE

116 — Très belle couronne en argent doré finement ciselé, travail partie repercé et à jour, enrichi de pierreries, rehaussée d'émaux. Tout autour se détachent des animaux symboliques courant au milieu d'arabesques, et des aigles aux ailes déployées perchés sur des rinceaux fleuronnés. Le sommet surmonté d'un accouplement d'aigles et de dauphins est supporté par six branches de forme élégante et cintrée, s'appuyant sur des chapiteaux et couvertes de fleurs, d'arabesques, de figures chimériques et d'oiseaux. Chaque branche se termine par un aigle couronné. Travail remarquable attribué à la fin du xvie siècle.

117 — Très belle aiguière en argent repoussé et ciselé décorée sur la panse de bustes allégoriques des Saisons se détachant sur des cariatides à rocailles. Le devant est orné d'un masque et l'anse est formée d'une cariatide de naïade se perdant dans une volute et abritée par une coquille.

Au-dessus du buste de l'Été est gravée une armoirie : la gorge et le pied sont décorés de rinceaux et d'entrelacs gravés. Style Louis XIV.

118 — Grand et beau vase avec couvercle en vermeil repoussé, couronné par un aigle aux ailes déployées. *(Souvenir from Hollingshead and Mayer french season, London, 1881.)*

119 — Deux vases avec couvercles en argent repoussé et ciselé, intérieur en vermeil, décorés de sujets chinois avec anses formées de dragons.

120 — Cafetière en argent repoussé, forme à côtes, décor feuilles de choux avec écusson à rocaille. Époque Louis XV.

121 — Vidrecome en argent repoussé et doré, à fleurs et feuillages. XVIIe siècle.

122 — Deux jolis plateaux en argent avec bordure finement ciselée représentant des enfants, des guirlandes, draperies et mascarons.

123 — Écuelle avec plateau en argent gravé. Style Louis XVI, de Froment-Meurice.

124 — Écuelle avec plateau en argent guilloché, avec chiffre, trophée et devise.

125 — Jolie coupe avec plateau en argent martelé, parties dorées et gravées. Décor style chinois de Tiffany et Cie.

126 — Gobelet sur piédouche en argent doré, finement gravé, décoré d'oiseaux et de feuillages avec inscription : *Alla Divina Sarah Bernhardt souvenir de Hampton. Dimanche 26 juin 1881.*

127 — Gobelet sur piédouche en argent guilloché et gravé avec écusson au nom Sarah Bernhardt.

128 — Chope en argent repoussé Louis XIII.

129 — Louche forme cœur en argent martelé de Tiffany et Cie.

130 — Louche en argent à côtes. Époque Louis XVI.

131 — Plat rond a bords festonnés en argent au chiffre S B avec devise et attributs gravés.

132 — Plateau rectangulaire en argent guilloché avec écusson au centre au chiffre S B, attributs et devise.

133 — Plateau ovale en argent guilloché avec écusson au centre au chiffre S B.

134 — Jolie garniture en vermeil émaillé, travail russe composé de : un vase, une coupe et trois cuillers.

www.ingramcontent.com/pod-product-compliance
Ingram Content Group UK Ltd.
Pitfield, Milton Keynes, MK11 3LW, UK
UKHW032030260826
14628UKWH00006B/2847

9 782329 527482